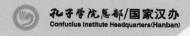
孔子学院总部/国家汉办
Confucius Institute Headquarters(Hanban)

好朋友 汉语分级读物
Friends Chinese Graded Readers

二级

Two Kittens

两只小猫

孔子学院总部 / 国家汉办 编

北京语言大学出版社
BEIJING LANGUAGE AND CULTURE
UNIVERSITY PRESS

图书在版编目（CIP）数据

两只小猫 / 孔子学院总部 / 国家汉办编 .—北京：
北京语言大学出版社，2014.12（2016.1 重印）
（好朋友：汉语分级读物 . 三级）
ISBN 978-7-5619-4051-8

Ⅰ . ①两… Ⅱ . ①孔… Ⅲ . ①汉语—对外汉语教学—
语言读物 Ⅳ . ① H195.5
中国版本图书馆 CIP 数据核字（2014）第 280498 号

书　　　名：两只小猫
　　　　　　LIANG ZHI XIAO MAO

责任印制：姜正周　　　　　　　练习编写：倪佳倩
英文翻译：孙齐圣　　　　　　　插图绘制：孙　屹

出版发行：北京语言大学出版社
社　　址：北京市海淀区学院路 15 号　　邮政编码：100083
网　　址：www.blcup.com
电　　话：发行部　82303650 / 3591 / 3651
　　　　　编辑部　82301016
　　　　　读者服务部　82303653
　　　　　网上订购电话　82303908
　　　　　客户服务信箱　service@blcup.com
印　　刷：北京京华虎彩印刷有限公司
经　　销：全国新华书店

版　　次：2014 年 12 月第 1 版　　2016 年 1 月第 2 次印刷
开　　本：710 毫米 × 1000 毫米　　1/16　　印张：3.25
字　　数：27 千字
书　　号：ISBN 978-7-5619-4051-8 / H·14327
　　　　　03900

凡有印装质量问题，本社负责调换。电话：82303590

致读者
To Our Readers

亲爱的朋友：

你好！

"好朋友——汉语分级读物"是我们为广大汉语学习者奉上的一份礼物，在这里，你可以用汉语读到自己熟悉的文化，你可以根据自己的汉语水平选择难度级别合适的读物，你还可以随时随地听读这些故事，汉语学习在这里变得亲切、简单、有效。

多元文化： 这套读物的原始素材主要来自国家汉办举办的首届"孔子学院杯"国际汉语教学写作大赛的获奖作品，我们挑选了来自40个国家的作品，当你读到自己熟悉的文化，是不是觉得更加亲切呢？除此之外，你还可以用汉语了解其他39个国家的见闻，这是多么有意思的事情啊！

分级阅读： 这套读物共6个级别，语言难度和词汇量分别对应新汉语水平考试（新HSK）1-6级。你可以根据自己的汉语水平选择难度级别合适的读物。

随时听读： 这套读物配有录音MP3和可供免费下载的音频文件，让你有效利用碎片时间，随时随地听读有趣的故事，让阅读的乐趣无处不在。

感谢孔子学院总部暨国家汉办的大力支持和帮助，使得这套读物顺利出版。

编者

Dear friends,

Friends—Chinese Graded Readers is a gift for Chinese learners, where you can read familiar culture in Chinese, choose the appropriate reading materials of different levels according to your language proficiency, and listen to and read these stories anytime and anywhere. In these books, learning Chinese becomes habitual, simple, and effective.

Multicultural: The raw materials of these readers mainly come from the award-winning works in the First "Confucius Institute Cup" International Chinese Language Teaching and Writing Contest held by Hanban. Works from 40 countries are included in these books. Won't you have a more cordial feeling when reading about the culture you are familiar with? In addition, you can read about the experiences in 39 other countries in Chinese, which will also be a fun learning experience.

Graded Reading: The series of readers consists of six levels with their grammar and vocabulary corresponding to Levels 1–6 in the New HSK Syllabus. You can choose books of a certain degree of difficulty according to your own level of Chinese proficiency.

Listen and Read Anytime: Each reader comes along with an MP3 CD as well as online audio files for free downloading, enabling readers to make use of fragments of time to listen to and read interesting stories, thus making the fun of reading everywhere.

We hereby would like to extend our gratitude to the Confucius Institute Headquarters (Hanban) for the great support and help we are given to successfully publish this series of readers.

The Compilers

语法术语缩略形式表
Abbreviations for Grammatical Terms

英文缩写 Abbreviations	英文全称 Grammatical Terms in English	中文名称 Grammatical Terms in Chinese
n.	noun	名词
p.n.	proper noun	专有名词
v.	verb	动词
adj.	adjective	形容词
num.	numeral	数词
m.	measure word	量词
pron.	pronoun	代词
adv.	adverb	副词
prep.	preposition	介词
conj.	conjunction	连词
part.	particle	助词
int.	interjection	叹词
ono.	onomatopoeic word	拟声词

目录
Contents

两只小猫
Two Kittens

Audrey Lockwood（心平） 澳大利亚墨尔本大学孔子学院

 这两只小猫叫什么名字？
What are the names of the two kittens?

01

一个星期天的早上，我和弟弟去公园玩。玩着玩着，我看到两只小猫，一只是黑色的，一只是白色的。它们很小，很可爱。

这两只猫在一起玩得很高兴，我和弟弟也笑起来。这时候，它们看见了我们，就开始对着我们"喵[1]喵"地叫起来。我觉得两只小猫一定是在告诉我们，它们找不到自己的家了。

1. 喵　miāo　ono. mew

我走近小猫，发现小猫有自己的项圈[2]，项圈上写着它们的名字——一个叫小黑，一个叫小白；还写着它们主人[3]的名字和电话。

我们决定去找它们的主人，把两只小猫送回家。这时候我听到一个声音："小黑、小白，

2. 项圈 xiàngquān
   n. collar (for an animal)

3. 主人 zhǔrén
   n. master

3

你们在哪里啊？"我跑过去把
那两只小猫还给了它们的主人。

　　小黑和小白看到自己的主
人，高兴地叫起来。

练习 Exercises

一、选出正确答案。Choose the right answer.

| A. 一定 | B. 还 | C. 决定 | D. 可爱 | E. 发现 |

1. 两只小猫很小，很（ ）。
2. "我"觉得小猫（ ）是找不到家了。
3. "我"（ ）小猫有项圈。
4. 我们（ ）去找小猫的主人。
5. "我"把小猫（ ）给了它们的主人。

二、判断对错。True or false?

1. 星期六早上"我"和弟弟去公园玩。 （ ）
2. 公园里有两只可爱的小猫。 （ ）
3. 两只小猫一个叫小白，一个叫小黑。 （ ）
4. 我们和小猫一起玩得很高兴。 （ ）
5. 我们把小猫带回了自己家。 （ ）

三、说说你喜欢的动物。
Talk about the animal you like.

- 你喜欢什么动物？为什么？
  What animal do you like? Why?

- 它生活在什么地方？
  Where does it live?

- 它长什么样？
  What does it look like?

- 它喜欢吃什么？喜欢做什么？
  What does it like eating? What does it like doing?

朋友
Friends

Chen Jimmy Zeming（陈泽铭）　美国旧金山州立大学孔子学院

放假的时候，"我"和朋友在一起做什么？
What do "my" friends and "I" do during holidays?

02

我喜欢和我的朋友在一起，朋友对我很重要。

我每个星期一和星期五都和我的朋友打篮球，我的朋友篮球打得非常好，我会向他们学习。上学[1]的时候我和朋友一起学习、做作业、画画儿。放假[2]的时候我和朋友玩电脑游戏、上网聊天。我们在一起非常开心[3]。

我喜欢和我的朋友们在一起，朋友们对我非常重要，如

1. 上学　shàngxué　v.
   to go to school

2. 放假　fàngjià　v.
   to take a holiday

3. 开心　kāixīn
   adj. happy

果没有朋友我会很不自在[4]，因为没有人和我聊天，也没有人分享[5]我的快乐。

4. 自在 zìzai
   adj. at ease

5. 分享 fēnxiǎng
   v. to share

练习 Exercises

一、选出正确答案。Choose the right answer.

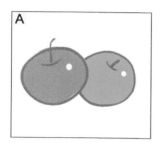

例：我喜欢吃苹果。 （ A ）

1. 放假的时候"我"和朋友一起玩游戏。 （ ）
2. "我"每个星期二都和朋友打篮球。 （ ）
3. "我"喜欢和朋友在一起画画儿。 （ ）
4. "我"和朋友一起做作业。 （ ）
5. "我"和朋友在一起聊天。 （ ）

二、判断对错。True or false?

1. 朋友对"我"很重要。 （ ）
2. "我"的篮球打得非常好。 （ ）
3. "我"和朋友每天都一起打篮球。 （ ）
4. "我"喜欢和朋友在一起。 （ ）
5. 放假的时候，"我"见不到朋友。 （ ）

三、说说你和你的朋友。
Talk about you and your friends.

- 你有几个好朋友？
  How many good friends do you have?

- 他们有什么爱好？
  What are their hobbies?

- 你们是怎么认识的？
  How did you get acquainted with each other?

- 你们经常在一起做什么？
  What do you often do together?

我是丹麦人 [1]
I Am a Dane

Kristine Kold Thomsen　丹麦哥本哈根商务孔子学院

 丹麦有什么重要节日?
What important festivals are there in Denmark?

03

我是丹麦人，今年十五岁了。我现在在学校里学习汉语，汉语真的很有意思！除了学习汉语，我还学习历史、数学……我有很多爱好，我喜欢听音乐、唱歌、跳舞。

丹麦有很多传统[2]的节日，圣诞节[3]就是一个很重要的节日。每年的十二月二十五日，奶奶、爸爸、妈妈、哥哥和我都在家里一起过圣诞节。我们吃圣诞节的传统食物[4]，唱圣诞歌。我

1. 丹麦人 dānmàirén
　　n. Dane
　丹麦 Dānmài　p.n.
　　Denmark

2. 传统 chuántǒng
　　n. tradition

3. 圣诞节
　Shèngdàn Jié
　p.n. Christmas

4. 食物 shíwù
　　n. food

送给家人礼物，家人也送我礼物。我非常喜欢圣诞节！而且我哥哥住在别的城市，只有圣诞节他才会回到家里，所以我特别高兴。

📖 练习 Exercises

一、选出正确答案。Choose the right answer.

A. 礼物 B. 十二月二十五日 C. 数学 D. 城市 E. 有意思

1. "我"觉得汉语（　　　）。
2. "我"还学习历史和（　　　）。
3. 每年的（　　　）是圣诞节。
4. "我"送给家人（　　　）。
5. "我"哥哥住在别的（　　　）。

二、判断对错。True or false?

1. "我"在学校里学习汉语。　　　　　（　　）
2. 每年我们一家人都一起过圣诞节。　（　　）
3. 圣诞节有很多传统食物。　　　　　（　　）
4. 我们家有三口人。　　　　　　　　（　　）
5. 哥哥和我们住在一起。　　　　　　（　　）

三、说说你们国家的传统节日。
Talk about the traditional festivals in your country.

- 你们国家有哪些传统节日？
  What traditional festivals are there in your country?

- 你最喜欢哪个传统节日？
  What is your favorite traditional festival?

- 这个节日是哪一天？
  What is the date of this festival?

- 你们会怎样庆祝？
  How do you celebrate it?

黄河和长江 [1]

The Yellow River and the Yangtze River

Elizabeth Neely（怡蓓） 美国费佛尔大学孔子学院

 长江是什么颜色的？
What is the color of the Yangtze River?

04

中国是我最喜欢的国家。

中国有一条河叫黄河，它是中国的母亲河[2]。因为黄河经过很多地方，带走了那些地方的泥土[3]，所以它的颜色是黄色[4]的。

中国还有一条长江。我的老师从中国来，她告诉我：长江很长，就像一条大蛇[5]在山中行走[6]；它的颜色很绿，绿得像春天的草；她的家乡[7]就在长江边上。我的奶奶去过中国，看过长江，她也说长江真的很长、很漂亮。

1. 长江 Cháng Jiāng
   p.n. the Yangtze River

2. 母亲河 mǔqīnhé n.
   mother river

3. 泥土 nítǔ
   n. soil

4. 黄色 huángsè
   n. yellow

5. 蛇 shé n. snake

6. 行走 xíngzǒu
   v. to walk

7. 家乡 jiāxiāng
   n. hometown

　　我读五年级的时候，我希望爸爸带我去中国看黄河和长江。

练习 Exercises

一、选出正确答案。Choose the right answer.

A. 山　　B. 树　　C. 楼　　D. 熊猫　　E. 太阳　　F. 苹果

例

(F)

1

( )

2

( )

3

( )

4

( )

5

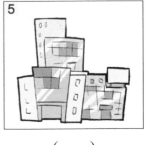

( )

二、判断对错。True or false?

1. "我"希望去看看长江和黄河。 （ ）
2. 黄河和长江都是绿色的。 （ ）
3. 长江是中国的母亲河。 （ ）
4. 长江很长、很漂亮。 （ ）
5. 老师的家乡在黄河边上。 （ ）

三、说说你们国家的江或河。
Talk about the rivers in your country.

• 你是哪国人？
Which country are you from?

• 你们国家有哪些有名的江 / 河？
What are the famous rivers in your country?

• 你最喜欢哪条江 / 河？
Which one is your favorite?

• 你为什么喜欢它？
Why do you like it?

我的毯子 [1]
My Blanket

Natalia Trujillo　美国明尼苏达大学孔子学院

"我"为什么不把毯子丢掉？
Why didn't "I" throw away the blanket?

05

我最喜欢的东西，是一条毯子。它是黄色[2]的，比我的身体大一点儿，我们在一起很长时间了。

我的毯子很软[3]，它是我的第一条毯子。每天晚上，我

1. 毯子 tǎnzi 　n. blanket	
2. 黄色 huángsè 　n. yellow	
3. 软 ruǎn　adj. soft	

都和它一起睡觉，没有它我睡不着。我经常带它去我奶奶家，还带着它去别的国家。在我伤心⁴的时候，抱⁵着它，我就会高兴一点儿；一个人的时候，有了它我会觉得很安全⁶，抱着它我觉得很舒服。

现在毯子已经很旧了，经常有人问我："你为什么还不把它丢掉⁷？"我回答："因为我喜欢它的味道⁸。"

4. 伤心 shāngxīn
adj. sad

5. 抱 bào v.
to hold with both arms

6. 安全 ānquán
adj. safe

7. 丢掉 diūdiào
v. to throw away

8. 味道 wèidào
n. smell

📖 练习　Exercises

一、根据所给的句子判断对错。
Determine whether the conclusion is right or wrong according to the sentence given.

1. "我"最喜欢的东西是一条毯子。

　★ "我"最喜欢我的毯子。　　　　　　　　（　　）

2. 每天晚上，"我"都和它一起睡觉，没有它"我"睡不着。

　★ "我"经常睡不着。　　　　　　　　　　（　　）

3. "我"经常带它去"我"奶奶家，还带着它去别的国家。

　★ "我"带着毯子去旅游。　　　　　　　　（　　）

4. 在"我"伤心的时候，抱着它，"我"就会高兴一点儿。

　★ 毯子能让"我"高兴。　　　　　　　　　（　　）

5. 经常有人问"我"："你为什么还不把它丢掉？"

　★ "我"把毯子丢了。　　　　　　　　　　（　　）

二、选出正确答案。Choose the right answer.

| A. 黄色 | B. 舒服 | C. 旧 | D. 比 | E. 睡觉 |

1. "我"的毯子是（　　　）的。

2. 毯子（　　　）"我"的身体大一点儿。

3. "我"每天晚上都抱着毯子（　　　）。

4. 抱着它"我"觉得很（　　　）。

5. 现在毯子已经很（　　　）了。

三、说说你心爱的东西。
Talk about your most treasured possession.

• 你有什么心爱的东西？
  What is your most treasured possession?

• 它是什么样子的？
  What does it look like?

• 它和你在一起多久了？
  How long have you kept it?

• 你为什么喜欢它？
  Why do you like it?

卑尔根[1] 的夏天
The Summer in Bergen

Martin Rydving（陆文庭） 挪威卑尔根孔子学院

 卑尔根夏天的天气怎么样？
How is the weather in summer in Bergen?

06

卑尔根的夏天是五颜六色[2]的：天是蓝色的，草和树是绿色的，还有红色的、黄色的、白色的花——非常漂亮！

卑尔根有七座[3]山，夏天每到星期天，卑尔根人总是去爬山。卑尔根人喜欢大自然[4]，除了爬山，还经常去游泳。

卑尔根一年四季都有很多雨，卑尔根人也习惯了这种天气。但是卑尔根的夏天晴天很多，也不太热，很舒服。

1. 卑尔根 Bēi'ěrgēn
   p.n. Bergen

2. 五颜六色
   wǔyán-liùsè colorful

3. 座 zuò m.
   used for mountains

4. 大自然 dàzìrán
   n. Mother Nature

卑尔根总是挤满[5]了来旅游的人。人们在卑尔根的商店里可以买到很多漂亮的、好玩的东西。来卑尔根旅游的人都觉得这里的夏天很美[6]，但是卑尔根人自己没有发现，因为他们每天看着这个城市，不知道这个城市有多美。

5. 挤满 jǐmǎn
   to be thronged with

6. 美 měi adj. beautiful

虽然每个夏天，我和我的家人都会离开卑尔根去其他国家旅游，但是我更喜欢卑尔根的夏天，因为夏天的卑尔根真的很美！

练习 Exercises

一、选出正确答案。Choose the right answer.

A. 蓝色　B. 绿色　C. 红色　D. 黑色　E. 白色　F. 苹果

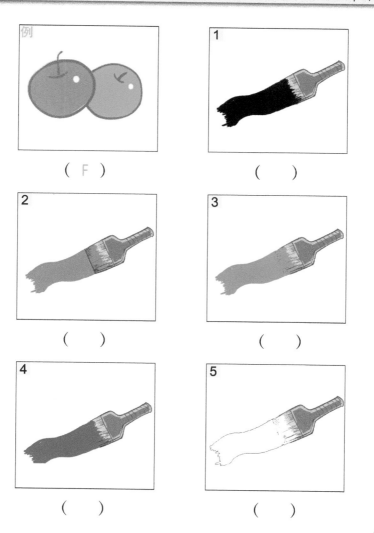

例 （ F ）

1 （　）

2 （　）

3 （　）

4 （　）

5 （　）

二、选出正确答案。Choose the right answer.

A. 卑尔根的夏天是五颜六色的。

B. 卑尔根有七座山。

C. 虽然每个夏天"我"和家人都会去其他国家旅游。

D. 卑尔根全年有很多雨。

E. 来卑尔根旅游的人都觉得这里的夏天很美。

1. 卑尔根总是挤满了来旅游的人。　　　（　　）

2. 卑尔根人习惯了这种天气。　　　　　（　　）

3. 天是蓝色的，草和树是绿色的，还有红色的、黄色的、白色的花。　　　　　　　　　　　（　　）

4. 但是"我"更喜欢卑尔根的夏天。　　　（　　）

5. 每到星期天卑尔根人总是去爬山。　　（　　）

三、说说你去过的最美的地方。

Talk about the most beautiful place you have been to.

- 你去过哪些地方？

  What places did you visit?

- 你觉得哪个地方最美？

  Which place do you think is the most beautiful?

- 那个地方有什么美丽的风景？

  What beautiful sceneries is it famous for?

- 那个地方的天气怎么样？

  What is the weather like there?

爱尔兰[1]的中国饭店
The Chinese Restaurants in Ireland

Sarah Dalton（萨拉）　爱尔兰科克大学孔子学院

我们可以在哪儿吃到中国菜?
Where can we eat Chinese food?

07

爱尔兰有很多中国饭店，这些饭店里有一些非常地道[2]的中国菜。但是让我奇怪的是很多中国人没有吃过这些中国菜，比如[3]我们的汉语老师。

从这些中国菜里可以看出中国文化的包容[4]，比如他们的套餐[5]里可能有米饭、香肠[6]、咖喱鸡[7]和薯条[8]。这些中国饭店还可以送饭到家，当然你也可以在店里吃。但是这些店很受[9]欢迎，人多的时候，最好还

1. 爱尔兰 Ài'ěrlán
   p.n. Ireland

2. 地道 dìdao adj.
   genuine, authentic

3. 比如 bǐrú
   v. for example

4. 包容 bāoróng
   v. to tolerate

5. 套餐 tàocān
   n. meal set

6. 香肠 xiāngcháng
   n. sausage

7. 咖喱鸡 gālíjī
   n. chicken curry

8. 薯条 shǔtiáo
   n. potato chips

9. 受 shòu v.
   to receive

是让饭店把饭送到家里吧，否则 [10] 你真的要等上很长很长的时间了。

10. 否则 fǒuzé
conj. otherwise

 练习 Exercises

一、选出正确答案。Choose the right answer.

A. 画　　B. 筷子　　C. 鸟　　D. 空调　　E. 灯　　F. 苹果

例
(F)

1
( )

2
( )

3
( )

4
( )

5
( )

二、判断对错。True or false?

1. 爱尔兰有很多中国饭店。　　　　　　（　　）

2. 这些中国饭店的菜不好吃。　　　　　　（　　）

3. 我们的汉语老师不喜欢中国菜。　　　　（　　）

4. 只能在店里吃饭。　　　　　　　　　　（　　）

5. 来中国饭店吃饭的人很多。　　　　　　（　　）

三、说说你最喜欢吃的菜。
Talk about the dish you like most.

- 你最喜欢吃什么菜?
  What is your favorite dish?

- 它是用什么做的?
  What is it made of?

- 它是什么味道的? （酸、甜、苦、辣、咸）
  What does it taste like? (acid, sweet, bitter, spicy, salty)

- 你吃过中国菜吗?
  Have you ever tried Chinese dishes?

我家的客厅 [1]

The Living Room of My House

张沛然　美国特拉华大学孔子学院

夏天客厅里热不热？为什么？
Is the living room hot in summer? Why?

08

我爱我家的客厅。窗台[2]大大的，像个舞台[3]。我在舞台上唱歌、跳舞，大家坐在沙发[4]上看着我，为我鼓掌[5]。晚上的时候，我们一家人舒服地坐在沙发上看电影。

窗外是我家的院子[6]。春天院子里开着各种[7]颜色的花，白的、红的；夏天外面很热，但是客厅里有风，很凉快[8]；秋天我可以坐在窗台上看书；冬天窗外飘[9]着白雪。

1. 客厅　kètīng
   n. living room

2. 窗台　chuāngtái
   n. windowsill

3. 舞台　wǔtái
   n. stage, arena

4. 沙发　shāfā
   n. sofa

5. 鼓掌　gǔzhǎng
   v. to applaud

6. 院子　yuànzi
   n. yard

7. 各种　gè zhǒng
   various

8. 凉快　liángkuai
   adj. cool

9. 飘　piāo　v.
   to float, to flutter

客厅里有很多画，我最喜欢的是一张骆驼[10]的画。这是今年六月我在中国骑骆驼的时候买的。我一看见那张画就想到坐在骆驼上的感觉[11]——左右摇晃[12]。

10. 骆驼　luòtuo
　　n. camel

11. 感觉　gǎnjué
　　n. feeling

12. 摇晃　yáohuàng
　　v. to shake, to wobble

练习 Exercises

一、选出正确答案。Choose the right answer.

> A. 颜色　　B. 风　　C. 冬天　　D. 最　　E. 舒服

1. 我们（　　）地坐在沙发上看电影。
2. 院子里开着各种（　　）的花。
3. 客厅里有（　　），很凉快。
4.（　　）窗外飘着白雪。
5. "我"（　　）喜欢骆驼的画。

二、判断对错。True or false?

1. 我们一家经常在客厅唱歌。　　　　（　　）
2. 客厅里有一个舞台。　　　　　　　（　　）
3. "我"最喜欢的画是在中国买的。　（　　）
4. "我"家窗外是一条路。　　　　　　（　　）
5. "我"很喜欢"我"家的客厅。　　　（　　）

三、介绍一下你的房间。
Introduce your room.

- 你的房间大吗？
  Is your room big?

- 房间里面有什么？
  What are there in your room?

- 你最喜欢房间里的什么东西？
  What is your favorite stuff in your room?

- 你经常在房间里做什么？
  What do you often do in your room?

中国和新西兰[1]
China and New Zealand

Oliver Cashmore White　新西兰奥克兰孔子学院

中国和新西兰有什么相同的地方？
What do China and New Zealand have in common?

09

我特别喜欢两个国家——中国和新西兰。

中国有长城[2]和拔火罐[3]，还有很多好吃的东西——米饭、包子[4]、饺子[5]、春卷[6]……中国人的头发和眼睛都是黑色的。中国人讲汉语。

新西兰有很多岛[7]，岛上有很多鸟，还有树。新西兰人讲英语[8]，我和我妈妈都是新西兰人。有很多中国人来新西兰旅游。

1. 新西兰 Xīnxīlán
   p.n. New Zealand

2. 长城 Chángchéng
   p.n. the Great Wall

3. 拔火罐 bá huǒguàn
   cupping therapy

   火罐 huǒguàn
   n. cupping jar

4. 包子 bāozi
   n. steamed stuffed bun

5. 饺子 jiǎozi
   n. dumpling

6. 春卷 chūnjuǎn
   n. spring roll

7. 岛 dǎo　n. island

8. 英语 Yīngyǔ　p.n.
   English (language)

中国和新西兰有很多东西是相同[9]的——它们都有可爱的人、好吃的东西。但是中国和新西兰也有很多东西不同[10]——不同的音乐、不同的文化。

我爱中国，也爱新西兰。

9. 相同 xiāngtóng adj. same

10. 不同 bù tóng different

练习 Exercises

一、选出正确答案。Choose the right answer.

A
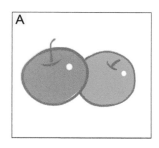

B
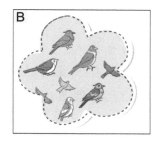

C
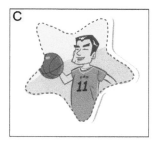

D
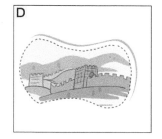

E
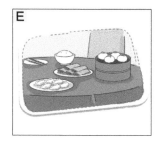

F
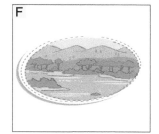

例：我喜欢吃苹果。 （ A ）

1. 中国有很多好吃的东西。 （ ）
2. 中国人的头发和眼睛都是黑色的。 （ ）
3. 中国有长城。 （ ）
4. 新西兰有很多鸟。 （ ）
5. 新西兰有很多岛。 （ ）

二、判断对错。True or false?

1. 中国有很多新西兰人。 （ ）
2. 中国人讲汉语，新西兰人讲英语。 （ ）
3. 新西兰有很多小岛。 （ ）
4. "我"喜欢中国和新西兰的文化。 （ ）
5. "我"是新西兰人，"我"妈妈是中国人。 （ ）

三、介绍一下你的国家。
Introduce your country.

- 你的国家在哪儿？
  （亚洲、欧洲、北美洲、南美洲、非洲、大洋洲）
  Where is your country?

  (Asia, Europe, North America, South America, Africa, Oceania)

- 你们国家的人讲什么语言？
  （英语、法语、德语、俄语、西班牙语、阿拉伯语、葡萄牙语、日语、泰语、韩语、缅甸语、越南语……）
  What language do people in your country speak?

  (English, French, German, Russian, Spanish, Arabic, Portuguese,

  Japanese, Thai, Korean, Burmese, Vietnamese...)

- 你的国家有什么好吃的东西？
  What delicious food is your country famous for?

- 你的国家有什么好玩的地方？
  What interesting places is your country famous for?

蒙古国人[1]和马
Mongolians and Horses

慧珍　蒙古国育才中学广播孔子课堂

马妈妈都教给自己的孩子什么？
What does the mother horse teach its children?

10

蒙古国人很了解马，能把马画得很漂亮。每个蒙古国人都能讲一个关于马的故事，也愿意花很多的钱买自己喜欢的马。蒙古国人爱马，因为我们是马背[2]上的民族[3]！

马是有感情[4]的动物，非常尊重[5]主人[6]，不踢主人，不跟主人发脾气[7]。

蒙古国人没有离开过马。以前，人们骑马打仗[8]；现在，虽然人们已经不需要骑马打仗

1. 蒙古国人 měnggǔguórén n. Mongolian (people)

蒙古国 Měnggǔguó p.n. Mongolia

2. 背 bèi n. back

3. 民族 mínzú n. nation, ethnic group

4. 感情 gǎnqíng n. emotion

5. 尊重 zūnzhòng v. to respect

6. 主人 zhǔrén n. master

7. 发脾气 fā píqi to lose one's temper

8. 打仗 dǎzhàng v. to fight a battle

了，但是马还是蒙古国的美景[9]。

马妈妈生[10]小马的时候跟人一样，在马的身上也可以看到妈妈的爱。马妈妈爱着自己的孩子，教它吃草、走路、跑步。

我们这个马背上的民族爱马、尊重马，马也为蒙古国做出了很大的贡献[11]！

9. 美景 měijǐng
   n. beautiful scenery

10. 生 shēng v.
    to give birth to

11. 贡献 gòngxiàn
    n. contribution

📖 练习　Exercises

一、连线。
Match the words in Column A with those in Column B.

A	B
花	马
跑	步
骑	澡
说	钱
洗	话

二、判断对错。True or false?

1. 每个蒙古国人都有马。　　　　（　　）
2. 蒙古国人会花很多钱买喜欢的马。（　　）
3. 现在人们经常骑马去打仗。　　　（　　）
4. 马妈妈非常爱自己的孩子。　　　（　　）
5. 马妈妈教会小马很多东西。　　　（　　）

三、说说你们国家的人最喜欢的动物。
Talk about the favorite animal in your country.

- 你们国家的人最喜欢什么动物？
  What is the favorite animal in your country?

- 人们为什么最喜欢这种动物？
  Why do people like it?

- 它长得什么样？
  What does it look like?

- 它喜欢吃什么？
  What does it like eating?